AF232913

timonio, punissant le parjure, et du titre LIII, *De manu ad eneum redemendam*. Nous savions par là que la pratique du serment avec cojureurs était connue, rien de plus.

Ensuite, au cours du vi^e et au commencement du viie siècle les premières rédactions des lois ripuaire, alamanne, beaucoup plus courtes alors qu'elles ne sont dans les rédactions postérieures que nous possédons, sortes de tarifs de compositions, plus ou moins développés, toujours susceptibles de s'allonger de quelques nouveaux articles. La partie centrale de la *Lex Bajuwariorum* présente aussi cet aspect, soit qu'elle ait été elle-même tout d'abord un simple cahier de ce genre, soit qu'elle ait ici copié quelque loi plus ancienne, emprunt toujours difficile à vérifier pour des documents aussi secs et dépourvus de tous caractères signalétiques.

Or, le tarif de la *Lex Ribuaria* multiplie les indications du nombre des jureurs dans tel ou tel cas particulier : notes qui ne sont pas, à vrai dire, incorporées au texte et qui y semblent plutôt ajoutées après coup. Les deux autres lois ne refusent pas non plus d'entrer dans quelques explications sur l'emploi du serment, çà et là, dans celles de leurs dispositions un peu plus récentes. Des manuscrits de la *Lex Salica* sont aussi augmentés de gloses dans le même sens.

Enfin, dans les rédactions auxquelles des ducs, belliqueux et indépendants presque, présidèrent en Souabe et en Bavière dans le second quart du viiie siècle, des tentatives très nettes pour réglementer cette sorte de preuve apparaissent, dont l'une, je l'ai montré, a toutes les prétentions d'un petit traité.

Voilà ce que nous constatons dans nos documents législatifs. Il n'est peut-être pas très difficile maintenant d'en conclure ce qui a dû se passer dans les intervalles de leurs rédactions extrêmes. Il est en effet tout naturel que les premiers tarifs de compositions coutumières n'aient contenu aucune allusion au système des preuves judiciaires. J'ai expliqué précédemment que, les parties étant dans cette période de l'histoire judiciaire maîtresses presque absolues de la procédure, les preuves sont ce qu'elles les font dans chaque affaire. Libre à elles d'en discuter le mode, la forme et la portée. Certains genres de preuves peuvent être d'un usage plus courant, mais aucun n'est absolument repoussé.

Les tarifs de compositions ont commencé à n'être que supplétifs. Ils servaient de bases à la discussion, comme diraient nos modernes diplomates, plutôt qu'ils ne s'imposaient; de telle sorte qu'ils pouvaient être succincts et qu'il n'était point urgent qu'ils prévissent tous les cas. Mais lorsque les juridictions officielles furent organisées, bien qu'elles eussent elles-mêmes le caractère de cours arbitrales, elles exercèrent une très grande influence sur le développement de la coutume. Les tarifs de compositions devinrent des manières de lois pénales qu'elles appliquaient contre ceux qui leur confiaient le soin de juger leurs différends. Par l'intermédiaire de l'arbitre, les compositions coutumières s'imposèrent aux parties qui ne se résolvaient pas à la guerre. On devine qu'une influence analogue dut agir sur le système des preuves. Sans doute les parties restaient maîtresses de la procédure; pourtant le tribunal arbitral eut une action sur la preuve, car il soumettait sa sentence à la condition que l'une des parties prouvât telle ou telle chose, accomplît telle ou telle formalité, que l'on envisageait comme probante en l'espèce.

De là cette singularité de la procédure germanique : le jugement de preuve. Ce n'était pas sur le fait litigieux lui-même, mais sur la façon de fournir la preuve que portait la sentence du tribunal arbitral. « Tu paieras la composition, disaient les juges au plaideur, à moins que tu n'accomplisses tel acte que nous considérons comme justificatif »; — ou bien : « Tu seras coupable ou innocent, selon que telle épreuve à laquelle tu devras te soumettre aura réussi ou non ». Sans doute, il n'en était pas toujours ainsi. Il y avait maintes circonstances où l'évidence était telle, où les preuves fournies par une des parties étaient si convaincantes que les juges pouvaient prononcer immédiatement sur le fond et ordonner de payer la composition ou de s'engager solennellement à la payer. Le coupable alors n'avait plus qu'à s'exécuter ou, s'il refusait de le faire, s'exposer soit à la guerre, soit, de fort bonne heure, à une procédure qui avait pour effet de saisir de l'affaire le tribunal royal, dont les sentences puisaient une sanction indirecte, mais puissante, dans la mise hors la loi. Mais les lois, aussi bien que les actes de la pratique qui sont arrivés jusqu'à nous, montrent que, la plupart du temps, les juridictions inférieures s'arrêtaient au jugement

TROIS NOUVEAUX DOCUMENTS

SUR LES

COGNITIONES CÆSARIANÆ

PAR

ÉDOUARD CUQ

PROFESSEUR A LA FACULTÉ DE DROIT DE L'UNIVERSITÉ DE PARIS

(Extrait de la *Nouvelle Revue historique de droit français et étranger*
de Janvier-Février 1899).

PARIS

LIBRAIRIE DE LA SOCIÉTÉ DU RECUEIL GÉNÉRAL DES LOIS & DES ARRÊTS
FONDÉ PAR J.-B. SIREY, ET DU JOURNAL DU PALAIS

Ancienne Maison L. LAROSE et FORCEL
22, *Rue Soufflot*, 22

L. LAROSE, Directeur de la Librairie

—

1899

8° F Pièce
3129

BIBLIOTHÈQUE NATIONALE
R. F.
IMPRIMÉS.

DÉPOT LÉGAL

Pièce
8° F
3129

de preuve, c'est-à-dire qu'elles se contentaient d'ordonner l'accomplissement d'un certain acte dont l'issue révélerait le droit de chacun.

C'est une remarque à faire que, par des voies différentes, les juges, aux débuts de l'organisation judiciaire, évitent le plus possible de trancher eux-mêmes et directement la question pendante et s'efforcent de faire résulter la solution de quelque incident détourné et indépendant de leur initiative personnelle. Cela est, du reste, facile à comprendre ; ce qu'ils veulent, c'est écarter la responsabilité de la sentence. Ils seraient heureux qu'on pût dire qu'elle n'a pas dépendu de leur jugement. La raison de leur conduite est que, dans ces milieux violents, tout acte peut avoir pour son auteur et les proches de celui-ci des conséquences très graves. Le juge n'y est pas, comme dans nos sociétés modernes, placé au-dessus des autres hommes et protégé par la loi. Celle-ci le punit quelquefois à raison de ses fonctions, elle ne le protège jamais. Il répond de sa sentence comme un homme de nos jours répondrait d'un acte d'indélicatesse ou de grossièreté. On pouvait demander compte au juge de sa sentence comme d'un affront, de même qu'on pouvait demander compte à un témoin de sa déposition. Ce qui faisait que l'un n'était pas plus enclin à juger que l'autre à témoigner.

J'ai indiqué les causes qui concouraient à rendre difficile une preuve testimoniale sérieuse. Nous voyons maintenant que cette preuve les juges n'étaient pas très portés à la rechercher, à la souhaiter. La preuve testimoniale, aussi solide soit-elle, exige du juge quelque application, une certaine attention, et, par là même, une part de cette responsabilité qui lui fait peur. Dès lors, il se tournera vers les modes de preuves déjà connus par la coutume, consacrés par l'opinion, et de nature telle qu'ils déplacent la responsabilité et la transportent du juge humain à un juge invisible, et aussi infaillible.

Les juges inférieurs surtout se montrèrent prompts à faire prévaloir des moyens de preuves qui les retenaient moins longtemps, leur imposaient moins de fatigue cérébrale, celle que l'homme peu cultivé redoute le plus, et mettaient leur conscience en repos en les déchargeant sur la divinité du soin de rechercher qui avait tort ou raison. Leur rôle se trouvait ainsi simplifié et réduit à celui de donneurs de recettes : « Vous voulez savoir qui a le bon droit pour soi. Je n'en sais rien ; mais voici un moyen de le découvrir. L'un de vous mettra sa main dans l'eau bouillante, ou tâchera de trouver tant d'hommes qui veuillent venir jurer avec lui. Par le résultat obtenu, Dieu qui le sait, nous fera connaître ce qui est juste ».

Ajoutez à cette première catégorie de motifs une religiosité matérialiste et grossière qui faisait exagérer toutes ces pratiques judiciaires : serment imprécatoire, ordalie, duel, toutes institutions de même ordre où l'intervention de la divinité est prévue, sollicitée, commandée même. Celle-ci est en quelque sorte sommée de faire la besogne esquivée par le juge humain. La confiance attirait les uns ; un scepticisme rudimentaire ou l'espoir sacrilège de ruser avec le ciel retenaient les autres. La conscience timorée ou paresseuse du juge le rendait complice.

Les populations étaient inclinées vers ces pratiques par les raisons les plus diverses. Les traditions germaniques et les merveilles de la légende chrétienne les y poussaient également. On avait entendu dire que des saints injustement accusés avaient prouvé leur innocence de cette façon. Des esprits nourris d'histoires dans le genre de celle de saint Brice qui avait démontré la perfidie de ses accusateurs en apportant des braises dans son vêtement jusqu'au tombeau de saint Martin, sans que l'étoffe ait été brûlée (1), n'avaient aucune peine à admettre que Dieu suspendît les lois physiques, à chaque instant, pour que pût se manifester et suivre son cours la loi plus haute de la justice. Les hommes n'attendaient pas que les juges leur ordonnassent d'aller jurer, ils y venaient d'eux-mêmes, en dehors de toute instance judiciaire ; dès qu'un bruit fâcheux courait sur leur compte, ils venaient demander aux saints un certificat de bonnes vie et mœurs que ceux-ci leur délivraient en acceptant leur serment sans colère (2). Dès avant les Francs, des saints s'étaient acquis une grande réputation dans la chrétienté par la façon dont ils punissaient les parjures. L'église

(1) Greg. Tur., *Hist. Franc.*, lib. II, cap. 1.
(2) Greg. Tur., *Hist. Franc.*, lib. VIII, cap. 16, 40. Cpr., lib. IX, cap. 16.

de Sainte-Marie et Saint-Jean-Baptiste, à Tours, était réputée particulièrement dangereuse (1). Les gens avisés s'informaient auparavant de la sévérité ou de l'indulgence de tel saint à l'égard des menteurs.

Les juges qui n'étaient pas d'une culture beaucoup plus relevée que les justiciables, trouvaient ainsi dans les éléments divers de la population des milieux tout préparés à accepter une jurisprudence pour laquelle ils ne montraient que trop de goût. La manière de trancher le différend est la même, qu'il y ait ou non débat devant les juges. Les parties s'en référaient au serment transactionnel presque aussi souvent qu'au serment judiciaire. J'ai rapporté déjà une anecdote de Grégoire de Tours en ce sens. On pourrait en citer d'autres (2). L'Église elle-même acceptait devant ces juridictions qu'on s'innocentât en jurant que l'accusation était fausse (3). Aucun obstacle n'empêchait donc que le serment n'envahît les prétoires. On n'y voyait rien qui fût contraire au sentiment religieux, ni au bon goût. Au reste, le serment imposé par la sentence des juges qui n'étaient, on le sait, que des arbitres, n'était pas d'un inconvénient radical pour l'adversaire. S'il se défiait, il pouvait refuser de l'accepter, et déclarer la guerre ou assigner la partie devant le tribunal royal. C'est ce qui a lieu dans un procès rapporté par Grégoire de Tours (4).

Aussi ne faut-il pas s'étonner si l'abus de cette procédure se répandit tant et si bien que l'autorité royale, chez les Francs comme chez les Burgondes, dut réagir dès le viᵉ ou le viiᵉ siècle. Nous étudierons plus loin ces tentatives qui peut-être n'embrassèrent pas l'ensemble de la procédure et n'eurent en somme qu'une portée fort restreinte, puisque nous apprenons d'écrivains du ixᵉ et du xᵉ siècle que le serment purgatoire et

(1) Greg. Tur., *Gloria martyrum.* lib. I, cap. 19; 28; 63; — *Gloria confessorum,* cap. 42.

(2) Greg. Turon., *Gloria martyrum,* cap. 5; 49; — *Miracula Sancti Juliani,* cap. 19.

(3) Greg. Tur., *Hist. Franc.,* lib. V, cap. 5, xii. Dans ce dernier passage, Grégoire ne dit pas, comme l'a cru M. Beaudouin, qu'il fût contraire aux canons de jurer; c'est à la célébration de trois messes successives que le doute sur la canonicité s'applique.

(4) *Ibidem,* lib. VII, cap. 23. Le procès est porté devant le roi, parce que la sentence n'a pas été acceptée.

l'usage des cojureurs l'emportaient à ces époques dans la pratique judiciaire.

L'influence des tribunaux inférieurs fut considérable en toute cette matière. On voit bien que c'est par eux que fut en grande partie consacrée la prédominance des preuves indirectes. Par eux, mieux organisés que dans le passé, plus influents grâce à l'appui de la royauté et aux mesures qu'elle prit pour limiter les agissements de la justice privée, fut insensiblement diminuée la liberté que les plaideurs tenaient des coutumes anciennes d'user de tous les modes de preuves concevables. Par eux, l'homme faible fut autorisé à se défendre par des moyens qu'au temps de la pure justice privée l'adversaire n'aurait pas toujours permis. De proche en proche la coutume s'établit de recourir immédiatement à la preuve indirecte, que l'autre fût ou non possible. Celle-ci n'était pas proscrite par la loi, mais elle fut presque oubliée dans la pratique.

Le rôle des juridictions inférieures est rendu sensible par les formules. Tandis que sur les vingt-six jugements du tribunal royal que nous avons encore, il y en a à peine deux où ce tribunal ordonne le serment, presque toutes les formules de jugements se rapportant aux tribunaux provinciaux, publics ou privés, prescrivent cette solennité et font dépendre leurs décisions de l'issue qu'elle aura. Tandis que le *placitum* royal révèle toujours le désir qu'a le juge de s'éclairer d'après les circonstances de l'affaire, les autres tribunaux recourent immédiatement au serment d'une des parties.

Les *Formulæ Andecavenses* nous ont conservé neuf documents judiciaires. Dans tous la preuve par le serment est ordonnée par le juge. C'est, d'abord, devant le tribunal d'un abbé, une personne réclamée par un tiers comme esclave qui est admise à jurer avec douze cojureurs que depuis trente ans elle a joui de la situation d'homme libre : « *Se hoc facere potebat, ipsi illi de hac causa contra ipso illo conpascere deberit; sin autem nun potuerit, hoc immendare studiat* (1). » C'est ensuite, toujours

---

(1) Zeumer, *Form. Andec.*, nº 10 (a, b), p. 8. On peut vérifier dans ces formules ce que j'ai dit plus haut du jugement de preuve. Ici, avant d'ordonner le serment, le juge a demandé au plaignant si « *de sua agnacione alius homines in servilium habebat, anon* ». Il est vraisemblable que s'il eût pu répondre

devant la même juridiction abbatiale, un père qui doit jurer, sans que le nombre des cojureurs soit indiqué, que son fils n'est pas l'auteur d'un vol de bête de somme. Et le jugement est clos par la même formule conditionnelle et alternative (1). Puis nous trouvons une formule de serment, *breve sacramenti,* par lequel un prévenu se purge de l'accusation de vol dont il est l'objet, et indique que ce serment est prêté sur l'ordre du juge, « ... *nec alio tibi exinde non redebio nisi isto edonio sacramento, quem judicatum habui, et legibus transibi* (2) ». Ailleurs deux individus nous sont représentés venant dans le *mallus* pour y prêter serment sur l'ordre des juges (3). En voici maintenant un autre qui, chargé de la garde de bêtes appartenant à autrui, est accusé de les avoir laissé périr par imprudence. Il jurera qu'il n'a commis ni dol ni faute contre son obligation de garde. Cette hypothèse fut prévue plus tard par la *Lex Bajuwariorum* et tranchée de même (4). En matière de délit rural, on se peut disculper en jurant, quatrième, avec des voisins du champ où le délit prétendu a été commis (5). Dans une autre formule, le serment est combiné avec la preuve par témoins que doit fournir le demandeur. Il s'agit d'un abus de confiance à la suite d'un commodat ; le demandeur doit prouver le commodat par témoins, le défendeur se purge par serment de l'accusation (6). Une autre encore nous montre, devant le tribunal de l'abbé, deux hommes qui se disputent à propos d'un contrat de colonage partiaire que nie le défendeur. Comme il est établi que celui-ci n'a jamais été mis en possession des vignes qui faisaient l'objet de cette convention, il pourra jurer que celle-ci n'a jamais eu

oui, le juge l'eût autorisé à jurer de préférence à la partie adverse, car ce fait eût été une présomption en sa faveur.

(1) Zeumer, *Ibidem,* n° 11 (a, b), p. 9. Il est probable que le fils était sous la dépendance de son père qui se trouve responsable en tant que chef de famille, exactement comme le maître l'est pour ses esclaves. Cpr. *Lex Ribuaria,* tit. XVIII, *De sonesti,* § 2 : « *Aut si negaverint, domini eorum cum sex jurent* ». Cpr. Greg. Tur., *Hist. Franc.,* lib. V, cap. 32, p. 224.

(2) Zeumer, n° 15, p. 9. Cpr. n° 11 (b) *in fine.*

(3) Zeumer, n° 16, p. 10.

(4) Zeumer, *Ibidem,* n° 24, p. 12. *Lex Bajuw.,* tit. XV, cap. 1 et 2.

(5) Zeumer, *Ibidem,* n° 28, p. 13. Cpr. *Lex Bajuw.,* tit. XIII, cap. 6 et suiv.

(6) Zeumer, *Ibidem,* n° 29, p. 13.

lieu (1). Enfin, il s'agit d'un homicide jugé devant le tribunal du comte de la cité d'Angers. L'accusé niait. Alors les juges ont ordonné que, dans un délai de 40 nuits, il devrait jurer « *apud homines 12, mano sua 13, vicinus circamanentis, sibi simmelus, in ecclesia seniore loci... quod ad morte sepedicto nunquam consentissit, nec eum occessisset, nec consciens, nec consentanius ad hoc faciendum nunquam fuissit* (2) ».

Le recueil plus tardif des *Formulæ Turonnenses* ne fait que confirmer cette tendance des juridictions inférieures. Je laisse de côté la formule 30 qui nous offre un exemple de serment purgatoire s'ajoutant à titre de preuve supplémentaire aux témoignages recueillis par le comte, et aussi la formule 32 qui rapporte une sentence rendue sur l'aveu des parties qui *denegare non potuerunt*. Mais deux autres se rattachent à une affaire en revendication dans laquelle le défendeur invoque la prescription trentenaire; les juges décident que selon qu'il jurera ou non sur le fait de la prescription, il gagnera ou perdra son procès (3). On est encore ici devant une justice abbatiale. On peut aussi indiquer un *placitum* de Clovis III qui condamne l'abbé de Saint-Denis à perdre son procès pour ne s'être pas conformé à la convention de serment faite en présence de l'évêque Siegfried. Grégoire de Tours cite encore quelques exemples de serments ordonnés par les juridictions inférieures (4). Enfin, si on sort de la période mérovingienne que j'ai assignée à cette étude, on voit se perpétuer la pratique et l'abus du serment dans les documents judiciaires.

Mais si, aux actes émanants des juridictions provinciales nous opposons les actes du tribunal royal, la proportion des jugements dans lesquels le serment est ordonné se trouve renversée. Dans les recueils de formules que nous venons de passer

(1) Zeumer, *Ibidem*, n° 30, p. 14.

(2) Zeumer, *Ibidem*, n° 50 (a, b), p. 22. Notez que le nombre de douze cojureurs ne correspond pas aux chiffres donnés par les mss 4404, Lat. Bibl. Nat. et Wolfenbüttel de la *Lex Salica* qui exigent vingt-cinq cojureurs.

(3) Zeumer, *Form. Turon.*, n°s 30 et 31, p. 153, 154; n° 32, p. 154; n°s 39 et 40, p. 156, 157.

(4) Pertz, *Diplomata. Placita regum*, n° 60, p. 53, année 692. Cpr. Gregor. Turon., *Hist. Franc.*, lib. VII, cap. 23; *Gloria martyrum*, lib. I, cap. 34.

en revue, nous remarquons quatre sentences royales (1). Nous
en possédons par ailleurs vingt autres auxquelles il faut
ajouter six jugements des maires du palais (2). Il n'est question
du serment et des cojureurs que quatre fois. Encore faut-il
en retrancher le diplôme de Clovis III déjà signalé et probablement aussi la formule de Tours (Appendice, n° 6), la sentence
royale ne faisant alors que proclamer les conséquences d'un
jugement émanant d'une juridiction inférieure. Il nous reste
une formule du recueil de Marculf à propos d'un vol d'esclave et de vêtement (3), et un diplôme de Thierry III où nous
retrouvons le serment déféré au défendeur à la revendication
sur la question de prescription trentenaire (4). Évidemment il
résulte de là que le serment purgatoire était admis devant la
juridiction royale, mais qu'il y était assez peu pratiqué, peut-
être vu avec quelque répugnance. Sans doute les chroniqueurs
et les hagiographes nous content un certain nombre d'anec-
dotes qui se déroulent devant ce tribunal et où le serment joue
un rôle; mais ce serment y perd du caractère rigide et for-
maliste que lui a imprimé la coutume judiciaire. Par exemple, c'est un prêtre qui se conforme assez mal aux règles de la
charité et fait une mauvaise querelle à son prochain : « Si ce
que tu avances est vrai, dit le roi, jure-le sur le tombeau de
l'évêque Maximinus ». On ne voit pas si c'est un récit à la
seule louange du saint ou si c'est une fantaisie royale (5).
On ne doit pas non plus considérer comme une procédure
régulière l'obligation où le roi Gontran plaça la reine Frédégonde de se disculper par le serment. En effet, Grégoire
de Tours raconte que ce roi, toujours tremblant, accusa la
reine de supposition de part. Elle jura devant une assemblée
de grands de Neustrie que son fils était aussi celui de Chilpéric.
Elle eut pour cojureurs trois évêques et trois cents optimates.
Tant de serments de la part de gens si haut placés rassurèrent
le roi sur la vertu rétrospective de Frédégonde, ce qui prouve

(1) Zeumer, *Form. Marculfi*, I, n°ˢ 37, 38, p. 67; *Form. Turon.*, n° 33,
append. 6.

(2) Voyez *Nouv. Rev. hist.*, année 1898, p. 483, note 1.

(3) Zeumer, *Form. Marculfi*, I, n° 38, p. 67.

(4) Pertz, *Diplom. Plac. Reg.*, n° 49, p. 45 (an 679).

(5) Greg. Turon., *Gloria confessorum*, cap. 91 (ed. Krusch.) p. 806.

combien grande était sa foi dans la force intrinsèque de cet acte. Mais on ne peut reconnaître à cette solennité aucun caractère judiciaire. Une autre fois, Gontran accusa les ambassadeurs de cette reine d'avoir comploté de l'assassiner. Ils s'en défendirent ; mais il voulut que l'un deux jurât avec des gens de la reine que lui et ses collègues n'avaient eu aucun mauvais projet. Cela est encore un caprice, car Baddo, le *legatus* soumis à cette formalité, n'aurait pas été le seul coupable et le roi ne dit rien à ses collègues (1). Du reste, je le répète, il n'est point contestable que le serment pouvait être ordonné par le tribunal du palais ; nous en avons des preuves formelles. Ce qu'il est juste de constater, c'est que ce tribunal l'ordonnait rarement.

Au contraire les chroniqueurs et les hagiographes confirment les documents officiels sur l'usage abusif qu'en faisaient les autres tribunaux. Et cela importe pour établir la genèse de la pratique du serment dans les institutions mérovingiennes.

Il ne restait donc qu'à pourvoir à la nouvelle situation. Il fallait que les praticiens eussent à leur disposition les éléments de la jurisprudence nouvelle. De là les gloses de la *Lex Salica*, les notes jointes au tarif ripuaire, les dispositions particulières disséminées dans la législation royale et dans les nouvelles *Leges*. Qu'on ait alors tenté de poser des règles précises sur quelques points : forme du serment, nombre des cojureurs, manière de recruter ces dèrniers, la chose paraît résulter d'allusions qui y sont faites dans nos documents, mais il n'est pas sûr qu'on y soit parvenu. Nous verrons bientôt que les *Leges* ne suivent pas toutes le même système. Il est même assez remarquable que les traces les plus importantes de cette réglementation se trouvent dans la partie ecclésiastique des lois alamanne et bavaroise.

Tout d'abord ces questions furent tranchées, dans la mesure que je viens de dire, non pas par des *decreta*, mais par la jurisprudence. Ses solutions successives ne furent jamais bien fermes. On était obligé de les noter dès qu'elles arrivaient à un degré de consistance suffisant. Ce degré n'avait pas été atteint lorsque fut écrit le tarif qui composait la première *Lex*

---

(1) Greg. Turon., *Hist. eccl. Franc.*, lib. VIII, cap. 44 (ed. Arndt), p. 355 ; lib. IX, cap. 13, p. 369 ; lib. VIII, cap. 9, p. 330.

Ribuaria. Voilà pourquoi on dut y ajouter plus tard des annotations qui n'étaient qu'une manière d'interpoler fragmentairement les règles nouvelles. Au contraire, quand les ducs firent procéder à la réformation des lois alamanne et bavaroise, on était arrivé à un résultat plus précis qu'on essaya de consigner dans les quatre petits tableaux dont j'ai parlé et dont le plus important forme le chapitre 2 du premier titre de la *Lex Alamannorum*. Leur incorrection et leur insuffisance sont, d'ailleurs, évidentes.

Mais cette jurisprudence, quelque tendance qu'elle eût à substituer la preuve par serment aux preuves directes, ne put jamais en changer le caractère théorique. Le législateur qui ne s'occupait guère du serment que pour en restreindre l'usage continua à le considérer comme une preuve subsidiaire dont on ne devait faire usage qu'en cas de doute. C'était aussi la manière de voir des hommes les plus instruits, par exemple de Grégoire de Tours. Enfin, la procédure elle-même était le témoignage concret de cette conception, puisqu'elle n'admettait le serment qu'en vertu d'une sentence judiciaire. Le jugement de preuve fût-il rendu immédiatement, sans que les juges aient cherché à s'éclairer par d'autres moyens, il n'en exprimait pas moins, par sa forme même, qu'un examen réel ou supposé concernant d'autres preuves l'avait précédé, sans quoi il eût été bien plus simple que les parties jurassent dès le début de l'instance.

En vain on refuse de reconnaître au serment ce rôle de preuve simplement subsidiaire dans la période mérovingienne, les sources, toutes, le démontrent. C'est la loi Gombette qui nous dit que l'homme libre peut jurer avec les siens quand il est soupçonné d'un crime, *si per suspicionem vocatur in culpam*, et qui nous donne une application de ce principe dans un jugement où l'on voit nettement l'opposition entre la condamnation directe prononcée pour un délit certain et le jugement de preuve ordonnant le serment sur une question douteuse (1). C'est la *Lex Salica* dont deux manuscrits subordonnent l'admission du serment et de l'ordalie à l'incertitude de la preuve. C'est la législation royale qui, loin de démentir cette

____

(1) *Lex Burg.*, tit. VIII, § 1 ; tit. LII.

doctrine, n'admet le serment qu'à défaut de preuve testimoniale, ou pour établir la bonne foi du jureur à l'occasion
d'un fait matériel d'ailleurs certain (1). Et, tandis que la *Lex
Ribuaria*, si elle ne confirme pas, n'infirme en rien cette donnée,
c'est encore la *Lex Alamannorum* qui tantôt attribue nettement
au serment le rang de preuve subsidiaire, comme au duel, et
le refuse toutes les fois que la question n'est guère douteuse,
tantôt nous retrace la procédure du jugement de preuve; c'est
encore la *Lex Bajuwariorum* qui veut que le serment ne soit
toléré que dans les cas où le juge n'a pu arriver à aucune cer-
titude, ni réunir aucunes preuves. Ce sont toutes ces lois qui
dans une ou plusieurs de leurs dispositions dénient le droit de
jurer dans telle ou telle circonstance et qui nous révèlent enfin
que l'adversaire n'est pas obligé d'accepter le serment de la
partie adverse.

De même, Grégoire de Tours prend soin de nous dire, dans
le récit qu'il fait d'un débat judiciaire, que, parce que les accusateurs ne pouvaient rien prouver, il fut jugé que leur adversaire jurerait qu'il était innocent ; mais que ces mêmes accusateurs refusèrent d'acquiescer à la sentence (2). Au cours
d'un procès où il est lui-même en cause, Grégoire nous raconte qu'on l'invita à prêter serment, parce qu'il avait été
jugé préalablement que personne n'avait le droit de témoigner
contre un évêque. Ce qui prouve que contre tout autre on
eût entendu les témoins de l'adversaire (3). Ailleurs, il ne
parle pas de témoins, mais il nous dit qu'un homme accusant
ses voisins, il fut rendu une sentence par les notables de la
cité ordonnant aux accusés de se purger par serment. Si on
n'entendit pas de témoins, c'est qu'il n'y en avait pas, et qu'il

(1) Sauf dans les instances entre antrustions : tit. CVI.

(2) Greg. Tur., *Hist. Fr.*, lib. VII, cap. XXIII : *« Post hæc in judicium
venit; sed cum fortiter, ut diximus, denegaret et hi non haberent qualiter eum
convincere possent judicatum, est ut se insontem redderet sacramento. — Sed
nec hoc his adquiescentibus, placitum in regis Childeberti præsentia posue-
runt... ».*

(3) *Ibidem*, lib. V, cap. XLIX. Le roi s'exprime ainsi : *« Si ergo cen-
setis ut super episcopum testes adhibeantur, ecce adsunt. Certe si videtur ut
hæc non fiant et in fidem episcopi committantur, dicite; libenter audiam quæ
jubetis ». Tunc cunctis dicentibus : « Non potest persona inferior super sacer-
dotem credi ».*

ne pouvait y en avoir, car le délateur avoua que son accusation était fausse (1).

Contre tant de témoignages, il paraît difficile de ne point reconnaître que le serment appuyé par la présence des cojureurs conservait au viie et au viiie siècle le rôle subsidiaire qu'il devait avoir sous le règne de la justice privée. Sur ce point, l'étude à laquelle je viens de me livrer complète et confirme les précédentes sur les preuves testimoniale et écrite. Elle forme, si l'on veut, l'autre terme du raisonnement commencé avec elles.

(1) Greg. Tur., *Gloria Martyrum*, lib. I, cap. XXXIV.

(A suivre). J. DECLAREUIL.

TROIS NOUVEAUX DOCUMENTS

SUR LES

COGNITIONES CÆSARIANÆ

L'organisation du tribunal des empereurs, aux trois premiers siècles de notre ère, est connue d'une manière imparfaite. Les variations qu'elle a subies n'ont pu être déterminées que pour le règne de certains empereurs. Il y a des lacunes soit pour la période antérieure à Hadrien, soit pour celle qui est postérieure aux Sévères (1). De même, on sait que les formes dans lesquelles les empereurs ont rendu la justice sont celles des *cognitiones* et non du *jus ordinarium* (2); mais on ignore en bien des cas les règles de procédure appliquées aux diverses catégories d'affaires soumises au tribunal impérial. Aussi doit-on considérer comme une bonne fortune la découverte, à très peu d'intervalle, de trois documents relatifs, les deux premiers au règne de Claude, le troisième à la fin du Haut-Empire.

Ces trois documents ont déjà été publiés isolément. Il m'a paru utile de les rapprocher et d'indiquer ce qu'ils nous apprennent : 1° sur la nature des affaires soumises au jugement de l'empereur et sur la procédure à suivre ; 2° sur la composition du conseil impérial ; 3° sur la qualité et le titre du chef du bureau *a cognitionibus*.

(1) Cf. mon mémoire sur *Le conseil des empereurs d'Auguste à Dioclétien,* p. 319-328, 346.

(2) Cf. mes *Études d'épigraphie juridique,* p. 79.

I

UN ÉDIT DE CLAUDE SUR LA PROCÉDURE CRIMINELLE.

Dans la collection des papyrus gréco-égyptions conservés au musée de Berlin et actuellement en cours de publication, il en est un qui contient un édit impérial, rédigé par exception en langue latine. Déchiffré par M. Gradenwitz et publié en 1897 (2e vol., 10e livr., n° 628), il a été réédité par M. Mitteis dans l'*Hermes* (t. XXXII, p. 630), et par M. Dareste dans la *Nouvelle revue historique de droit* (t. XXII, p. 689). Cet édit se compose de deux parties : dans la première, l'empereur rappelle la teneur d'un édit analogue rendu par son prédécesseur; dans la seconde il complète et modifie sur un point le premier édit.

Ces deux édits ont trait aux affaires criminelles soumises en appel (*provocatæ*) au tribunal de l'empereur, ou directement renvoyées à ce tribunal par les magistrats (*ad principalem notionem remissae*). Ces affaires ne sont pas toujours retenues par l'empereur : il faut une raison majeure (*imposita quadam necessitate*). Les jurisconsultes classiques enseignent d'ailleurs que le magistrat qui a ordonné le renvoi peut retirer sa demande (*cognitionem circumducere*) (1); il peut aussi, lorsque l'affaire est de sa compétence, en connaître lui-même, si les parties y consentent (2).

Les deux édits ont pour objet de prévenir un abus, d'empêcher les procès de traîner en longueur par le fait des plaideurs ou le dol de l'un d'eux. Le premier édit fixe le délai accordé aux provinciaux pour se rendre à Rome, et leur défend de repartir avant d'avoir soutenu leur procès contradictoirement. Si l'un d'eux fait défaut, la sentence sera maintenue *altera parte audita*, ou l'affaire tranchée en faveur de la partie présente (3). Si les deux adversaires font défaut, la cause sera

(1) Papin. 2 *Resp.*, D. XLIX, 1, 22.
(2) Hermogen. 2 *jur. Epit.*, eod., 26.
(3) Cette alternative est indiquée d'une manière un peu elliptique. M. Mitteis a fait judicieusement observer que le premier terme ne forme pas contraste avec le second (p. 637). Claude a dû supposer que la partie présente n'est pas la même dans les deux cas. La règle doit être celle-ci : si le condamné qui a interjeté appel fait défaut, la sentence sera maintenue; si l'ac-

rayée du rôle (*ex[cid]ere tum ea[s lites ex] ordine cognitionu[m] officii nostri*).

Le second édit confirme le principe posé par le premier; il modifie seulement les délais, qui désormais varient suivant que les plaideurs résident en Italie ou dans les provinces situées au delà des mers, suivant que la cause est ou non capitale. Une autre disposition, dont le texte n'a pu être entièrement déchiffré, semble prescrire une enquête même en l'absence des parties et décider que l'accusateur sera contraint à poursuivre l'affaire : *et accusatores ad petendam pœnam jure cogantur* (1). C'est peut-être une règle analogue à celle qui est mentionnée dans une *Oratio* de Claude (Papyrus 611, col. III, l. 6-9) : l'accusateur est invité à comparaître et, s'il ne se présente pas sans se faire excuser, il est censé avoir renoncé à la poursuite.

Tel est en substance l'objet principal de ces deux édits. Ils s'occupent uniquement d'affaires criminelles; il n'est pas question de causes civiles, et cela est conforme à ce qu'on savait déjà sur la nature des procès soumis au tribunal de l'empereur avant Hadrien (2) : étaient retenues de préférence les affaires qui touchaient à l'ordre public ou mettaient en jeu un intérêt politique.

Quels sont les auteurs de ces deux édits? Sur ce point, M. Mitteis et M. Dareste sont en désaccord. M. Mitteis les attribue à Auguste et à Tibère; M. Dareste, à Claude et à Néron. M. Mitteis se décide par un critérium purement extérieur : il remarque que le verso de notre papyrus contient un édit d'Auguste sur les privilèges des vétérans; il en conclut que le recto doit aussi contenir un édit du début de l'empire. Il reconnaît d'ailleurs que la conclusion ne s'impose pas d'une façon sûre; il la présente comme n'étant pas sans vraisemblance.

M. Dareste pense que le premier édit est de Claude. Cet

---

cusateur fait défaut, le condamné sera absous. Cf. l'*Oratio* du Pap. 611 (l. 7-9) : *Si neq[ue a]d[erit neque] excusa[bitur pro]nuntiet c[ognita] caussa negotium r[emisis]se r[eo] videri.* Cic., in Verr. II, 40.

(1) Le sénatusconsulte Turpillien, de l'an 61 sous Néron, prévoit un fait analogue, mais bien plus grave, la tergiversation en première instance.

(2) Cf. mon *Conseil des empereurs*, p. 328 et 441.

édit ne serait autre que l'*Oratio* conservée sur le papyrus 611.
Il y a là une confusion motivée sans doute par l'analogie exis-
tant sur un point particulier entre l'objet de notre édit et celui
de l'*Oratio* : le retard mis par certains accusateurs à donner
suite aux procès. Cette analogie mise à part, la distinction des
deux actes est manifeste : ils diffèrent et par leur nature et par
leur objet. Dans l'édit, l'empereur ordonne; dans l'*Oratio*, il
adresse au sénat une proposition. L'édit règle la procédure devant le tribunal impérial; l'*Oratio*, devant les tribunaux crimi-
nels présidés par un préteur. L'*Oratio* prévoit le défaut non
motivé de l'accusateur; l'édit, la non comparution des parties
dans un certain délai. Il faut donc chercher ailleurs la solution
du problème.

L'innovation essentielle, introduite par notre édit, consiste à
admettre sans aucune restriction en matière criminelle les jugements par défaut, les jugements rendus *altera parte audita*.
Pour qui connaît les règles ordinaires de la procédure, il y a
là un changement, un abandon de l'usage qui défend de condamner un absent, sans rechercher s'il n'a pas une excuse
à faire valoir (1). Cet usage n'avait été méconnu que dans
la période troublée de la fin de la République, et par des magistrats tels que Verrès. Lui aussi ne se faisait aucun scru-
pule de condamner les absents; il ne consentait à les attendre
que jusqu'à la dixième heure : *Nec cogat ante horam decimam
de absente secundum praesentem judicare* (2). Lorsqu'Auguste
voulut venger le meurtre de J. César, il donna aux accusés un
jour pour comparaître, alors que la plupart étaient loin de
Rome, quelques-uns mêmes gouvernant des provinces (3).
Dans des circonstances normales, il en était tout autrement.
On ne croyait pouvoir condamner un absent que lorsque sa

(1) Cet usage remonte à la loi des Douze Tables : cf. mes *Institutions juridiques des Romains,* t. I, p. 438, n. 1. A la fin de la République et au début
de l'Empire, on admet à titre d'excuse, outre le cas de maladie (Jul. 5 *Dig.*,
D. XLII, 1, 60. Voir cep. Cic., p. *Mur.*, 23), l'absence pour le service de
l'État (Val. Max., III, 7, 9. Suet., *Jul.* 23. Lex Julia *De adulteriis*, c. VII,
ap. Ulp., 2 *De adult.*, D. XLVIII, 5, 15, 1), l'exercice d'une magistrature
(*Lex repetundarum,* l. 8. Cic., *De fin.*, II, 16. Tac., *Ann.*, XIII, 44. Dio. Cass.,
LV, 13).

(2) Cic., 2 in Verr., II, 17, 38, 40.

(3) Dio. Cass., XLVI, 48. Appian. *B. C.*, III, 95.

culpabilité était évidente (1). Auguste lui-même décida que, dans les jugements par défaut, les votes ne devaient pas être secrets et que, pour une condamnation, l'unanimité était nécessaire (2).

Quel empereur fut donc assez peu soucieux des droits de la défense pour prendre modèle sur Verrès, ou assez peu éclairé pour croire servir les intérêts de la justice, en condamnant un accusé sans l'avoir entendu? Il serait bien étrange qu'une telle innovation n'eût laissé aucune trace dans les écrits des contemporains ou des historiens du 1er siècle de l'Empire. Nous la trouvons en effet signalée par Dion Cassius et par Suétone; elle a aussi servi de prétexte à une facétie satirique de Sénèque, l'*Apokolokyntose* : tous s'accordent à l'attribuer à Claude.

Dion Cassius (LX, c. 28) cite un édit de Claude en vertu duquel le plaideur défaillant, qui ne comparaît pas dans un certain délai, sera néanmoins jugé : « Comme le nombre des procès était infini et que ceux qui craignaient de succomber ne se rendaient pas à l'appel de leur cause, Claude avertit par un édit les parties intéressées que, passé un certain jour qu'il fixa, il statuerait sur elles, même en leur absence; et il tint parole. » C'est bien là l'édit mentionné dans notre papyrus.

Dans l'*Apokolokyntose*, Sénèque tourne en ridicule la manie de juger de Claude et lui reproche la mort de tant de bons citoyens. Il est surtout un grief qu'il reproduit avec insistance (X, 4, XII, 2; XIV, 2) : celui d'avoir condamné les parties sans les entendre, tout au moins sans avoir permis à l'accusé de produire sa défense (3).

> Deflete virum
> Quo non alius
> Potuit citius
> Discere causas,
> Una tantum
> Parte audita,
> Saepe et neutra.

(1) Cf. Cod. Just., IX, 9, 19.
(2) Dio. Cass., LIV, 3.
(3) Suétone, *Claud.* 15. Cf. mes *Études d'épigraphie juridique*, p. 111.

Aussi lorsque Claude arrive aux enfers, un de ceux qu'il a injustement condamnés lui intente un procès en vertu de la loi Cornelia *de sicariis*, le cite au tribunal d'Eaque, l'accuse du meurtre d'une foule de citoyens. Au moment où l'avocat va prendre la défense de Claude, Eaque s'y oppose et rend son jugement : *Illum, tantum altera parte audita, condemnat, et ait* : Εἴ κε πάθοι τά κ' ἔρεξε, δίκη κ' ἰθεῖα γένοιτο.

La facétie imaginée par Sénèque prouve l'émotion causée par l'édit de Claude : *Stupebant omnes novitate rei adtoniti ; negabant hoc umquam factum. Claudio iniquum magis videbatur quam novum.* On s'explique pourquoi un empereur, si peu fidèle aux traditions, fut mieux apprécié des avocats dont il écoutait le bavardage avec complaisance que des jurisconsultes qui, au jour de sa mort, « sortirent de leur retraite, pâles, maigres, défaits, ayant à peine un souffle, comme gens qui revenaient à la vie » (Senec., c. XII).

Comme Sénèque, Suétone parle de l'édit de Claude (c. 15), et l'apprécie de la même manière. Le passage de Suétone a de plus l'avantage de nous apprendre pourquoi la réforme avait été si mal accueillie : *Absentibus secundum præsentes facillime dabat, nullo delectu culpane quis an aliqua necessitate cessasset.* Préoccupé de déjouer une fraude trop fréquente, Claude avait pris une mesure générale, sans faire aucune exception pour ceux qui avaient été légitimement empêchés de comparaître. Telle est bien la portée de l'édit dont le texte vient d'être retrouvé : *Scirent fore ut altera parte audita... secundum præsentem pronuntiaretur.*

La critique dont Suétone s'est fait l'écho a, sans aucun doute, motivé le second édit. Néron couvre de son approbation l'édit de Claude : *In multis bene factis consultisque divi parentis mei id quoque nobis prædicandum puto...* Il se contente d'allonger les délais accordés pour comparaître : *Quoniam capitales causae aliquid auxilium cunctationis admittunt.* Mais lui aussi pose une règle générale, sans se réserver l'examen des cas particuliers. Il croit suffisant, pour échapper au reproche adressé à son prédécesseur, de faire cette observation : *Quod n[e]que grave n[e]que durum videri potest si tam prol[i]xum tempus i[nd]ulserim.*

On voudrait connaître la date de l'édit de Néron. Faut-il

voir dans cet édit une réponse à la satire écrite par Sénèque,
et par suite une mesure prise alors que l'ancien précepteur et
conseiller du prince avait perdu la faveur impériale? Ce qui
donne quelque fondement à cette hypothèse, c'est la réflexion
par laquelle s'ouvre, suivant M. Mitteis, le second édit : *E[t
mee]rcules id jam [dudum ob]tinendum fuit [cu]m [it]a praes-
cripto ejus edi[c]ti satis superq[ue tempo]ris quasi conive[n]ti-
bus nobis tra[ns]cocurrerint* (sic).

L'innovation, introduite par Claude et conservée par Néron,
fut maintenue par Domitien. Pline le Jeune la flétrit en ter-
mes énergiques : *Nec minore scelere, quam quod ulcisci videbatur*, absentem inauditamque *damnavit (Cornèliam)* (1). »
Elle fut écartée par Trajan dans son rescrit à Julius Fronto (2),
et plus tard par Septime-Sèvère et Caracalla (3). C'est seulement pour les affaires criminelles les moins graves qu'on
organisa une procédure par contumace (4). On a aussi un
exemple d'un jugement par défaut rendu par l'empereur en
matière civile (5). Ulpien, au livre 2 de son traité *De officio
consulis*, admet également la possibilité de juger *altera parte
audita* les *cognitiones* relatives aux questions d'état (6).

II

UNE AUDIENCE DU TRIBUNAL DE L'EMPEREUR
SOUS LE RÉGNE DE CLAUDE.

Parmi les dispositions contenues dans l'édit de Claude, il
en est une assez étrange : l'empereur enjoint aux provinciaux
venus à Rome pour soutenir leur procès, *ne discederent prius-
quam ad disceptandum inter se coissent*. Comment des plai-

---

(1) *Ep.*, IV, 11 ; cf. Tac., *Agric.*, 41.

(2) Cf. mon *Conseil des empereurs*, p. 428, n. 3.

(3) Ap. Marc. 2 *publie.*, D. XLVIII, 17, 1 pr. : *Hoc jure utimur ne absentes
damnentur; neque enim inaudita causa quemquam damnari aequitatis ratio
patitur.*

(4) Ap. Ulp. 7 *De off. proc,*, D. XLVIII, 19, 5 pr. *in fine.*

(5) Paul (2 *Decret.*, D. XXXVI, 1, 81). Il s'agit d'un appel formé contre
un décret du proconsul d'Achaïe, Aurelius Proculus.

(6) Dig. XL, 12, 27, 1.

deurs, qui ont fait un long et coûteux voyage pour obtenir
justice, peuvent-ils songer à repartir sans avoir comparu devant le tribunal? Tout porte à croire qu'ils devaient plus d'une
fois perdre patience. Les causes étaient appelées à tour de
rôle (1) : l'édit parle de l'*ordo cognitionum officii nostri*. Mais
avec un empereur qui avait la manie de juger, le rôle devait
être très chargé. *Jus laboriosissime dixit* (2). Il est vrai que
Claude siégeait à son tribunal sans trêve ni relâche, jour et
nuit, même les jours de fête et en temps de vacations (3),
et l'on pourrait croire qu'il expédiait beaucoup d'affaires. Un
papyrus du musée de Berlin montre qu'il faut en rabattre.

Le fragment, publié par M. Wilcken en 1895 (*Hermes*, t.
XXX, p. 486) nous fait assister à une audience tenue par
Claude, en matière criminelle. Le procès-verbal, que nous
avons sous les yeux, prouve que les débats se déroulaient avec
lenteur. A la deuxième audience, on en est encore à l'exposé
de l'affaire, et Claude annonce à l'accusateur qu'il lui accorde
toute la journée pour développer sa plainte (l. 12-13).

Ce nouveau document contient d'intéressants détails sur la
composition du conseil de l'empereur et sur le lieu où il fut
assemblé. Voici, avec les restitutions combinées de MM. Wilcken, H. Weil et Th. Reinach (*Rev. des études juives*, t. XXXI,
p. 163), les huit premières lignes de la deuxième colonne.

Ἡμέρα [δε]υτ[έ]ρα Παχὼ[ν ζ̄
Ἀκούει Κλαύδιος Καῖσα[ρ Ἰσιδώρου
γυμνασιάρχου πόλεως Ἀ[λεξανδρείας
κατὰ Ἀγρίππου βασιλέω[ς ἐν τοῖς Λουκουλ-
λιανοῖς κήποις, συνκα[θήμενων αὐτῷ
συνκλητικ[ῶ]ν εἴκο[σ]ι π[έντε καὶ
ὑπατικῶν δέκα ἕξ, πα[ρούσης σεβαστῆς μετὰ
τῶν ματρωνῶν...

On savait par Sénèque que Claude ne siégeait pas toujours
au forum, comme le dit Dion Cassius (LX, 4). Pendant la cani-

(1) Cf. mon *Conseil des Empereurs*, p. 405, n. 1.
(2) Suet., *Claud.* 14.
(3) *Ibid.*, c. 15. Senec., c. 7.

cule, il allait à Tibur, devant le temple d'Hercule (Sen., 7),
suivant l'exemple d'Auguste (Suét. *Aug.*, 72). Notre papyrus
nous le montre siégeant, au mois d'avril, dans les jardins de
Lucullus (1).

D'après Dion Cassius (LX, 4), Claude rendait la justice as-
sisté des consuls, des préteurs et surtout des préposés au
trésor public. Ailleurs (Dio. Cass., LX, 16), on le voit entouré
de ses préfets du prétoire et de ses affranchis. Notre papyrus
est plus précis; il nous apprend le nombre et la qualité des
personnages qui formaient son conseil : vingt-cinq sénateurs
parmi lesquels seize consulaires (2). Le conseil de l'empereur
était donc composé au temps de Claude comme au temps d'Auguste (3) et de Tibère (4).

Ce qui est tout à fait nouveau, c'est la présence de l'impératrice et des dames d'honneur. Tacite (*Ann.*, XII, 37) signale
comme un fait sans précédent la présence d'Agrippine sur une
estrade voisine de celle de l'empereur, le jour où Claude reçut
la soumission du chef des Silures, Caractacus. On ignorait
jusqu'ici que l'impératrice assistait également aux audiences
du tribunal impérial. Les grandes dames romaines devaient
sans doute rechercher les procès sensationnels. On ne saurait
refuser ce caractère à l'accusation portée par le gymnasiarque
d'Alexandrie contre le roi Agrippa.

III

LE *PROCURATOR SACRARUM COGNITIONUM.*

Une inscription, récemment découverte à Rome et qui vient
d'être publiée par M. G. Gatti dans le *Bullettino della Commis-
sione archeologica comunale di Roma* (1898, p. 42), a ramené

(1) Le prédécesseur de Claude, Caligula, siégea un jour dans les jardins
de Mécène et de Lamia. Phil. *Leg. ad Caium*, 45.

(2) Cela n'est pas en contradiction avec Dio. Cass., LX, 16. Claude combla
d'honneur ses préfets du prétoire : il attribua à Rufrius Crispinus les orne-
ments consulaires. Cf. ma note sur Borghesi, *Œuvres*, t. X, p. 13. Voir aussi
pour Rufrius Pollio, *ibid.*, p. 11, n. 1.

(3) Cf. mon *Conseil des Empereurs*, p. 317, n. 2, et 319, n. 3 et 4.

(4) *Ibid.*, p. 319, n. 6, et 408, n. 1. Néron ne suivit pas l'exemple de ses
prédécesseurs. *Ibid.*, p. 328, n. 2.

l'attention sur une classe d'auxiliaires de l'empereur dans l'administration de la justice, les *a cognitionibus*.

<pre>
     D   λλ
    λλ · AVREL TH
    ALLVS VE PROC
    SACRAR CoGNI
    T SIBI · ET FILIIS
    LIBBQ   FECIT
    BRECETIOR
         V M
</pre>

D(iis) M(anibus). M(arcus) Aurel(ius) Thallus, v(ir) e(gregius), proc(urator) sacrar(um) cognit(ionum), sibi et filiis lib(ertis)que fecit. Brecetiorum (1).

Le cippe funéraire contenant l'inscription a servi à la construction d'un mur moderne récemment démoli. La gravure est, dit M. Gatti, en très mauvais caractères de la fin du iiie ou du commencement du ive siècle.

Cette inscription s'ajoute aux documents peu nombreux, mais caractéristiques antérieurement connus. Je les ai réunis et interprétés dans mon mémoire sur *Le conseil des empereurs d'Auguste à Dioclétien* (2). L'inscription de Rome contient un renseignement nouveau sur l'organisation des *sacræ cognitiones* à la fin du iiie siècle et complète les indications déjà fournies par une inscription d'une époque très voisine trouvée à Aquilée en 1876 (3). Elle éclaire et confirme un passage du discours *Pro instaurandis scholis*, prononcé par Eumène à Autun en 296, et qui prouve qu'à cette date les *sacrae cognitiones* ne formaient pas encore un *palatii magisterium*.

L'histoire de cette inscription est assez curieuse. Déjà publiée au siècle dernier par Muratori (*Thesaurus veterum inscriptionum*, n. 680, 7), elle était tenue pour suspecte. M. Hirschfeld l'avait déclarée fausse (4), et les éditeurs du *Corpus*

____

(1) Sur le sens de ce mot, cf. Gatti, p. 42.

(2) P. 376-384. Aj. *C. I. L.*, VIII, 12613.

(3) Cf. mes *Études d'épigraphie juridique* (*Bibliothèque des Écoles françaises d'Athènes et de Rome*, 21e Fasc., 1881), p. 17, 134-138.

(4) *Untersuchungen auf dem Gebiete der röm. Verwaltungsgeschichte*, p. 209, n. 3.

l'ont classée parmi les *spuriæ* (1). Trois faits semblaient justifier cette manière de voir : 1° la mention d'un *procurator sacrarum cognitionum* paraissait une anomalie : tous les *procuratores* impériaux jusqu'ici connus ont un office administratif et non judiciaire (2) ; 2° l'original était perdu. Un seul témoin, le P. Ginanni, déclarait l'avoir vu *nella villa Ronchi vicino a Testaccio, dentro Roma*; 3° la copie était défectueuse, et ne concordait pas entièrement avec le texte donné par Muratori.

La découverte du monument original, à l'endroit même indiqué par le P. Ginanni, ne permet plus de douter de l'authenticité de l'inscription, et, pour une fois, l'excès de prudence des éditeurs du *Corpus* n'aura pas été justifié. Nul ne songera à leur en faire un reproche. Mais la raison principale de leur hésitation subsiste : le titre *procurator* paraît inconciliable avec la charge confiée aux *a cognitionibus*.

L'*a cognitionibus*, ainsi que je l'ai établi dans le travail précité, est un auxiliaire de l'empereur dans l'examen des procès soumis à son jugement (3). Il était utilisé pour l'instruction préparatoire, pour l'enquête faite avant l'audience (4). Cette enquête fut particulièrement utile depuis l'édit de Claude, qui permit de juger *altera parte audita*. L'*a cognitionibus* ne se confond ni avec le *vice sacra cognoscens* qui est un juge délégué par l'empereur (5), ni avec les conseillers impériaux qui prennent part à l'instruction faite à l'audience (6). C'est pour avoir négligé cette distinction entre l'instruction préparatoire et l'instruction définitive, que M. Hirschfeld a soutenu autrefois (7) que l'*a cognitionibus* était chargé uniquement des affaires résolues par l'empereur sans assistance du conseil. Un fragment d'un jurisconsulte de la fin du II° siècle Cervidius Scævola, prouve qu'une *cognitio* faite *apud imperatorem* peut être prescrite même dans les litiges tranchés par l'em-

(1) Vol. VI, p. 5ᵃ, 3429.
(2) Cf. mon mémoire sur *Le conseil des empereurs*, p. 380.
(3) *Ibid.*, p. 381. Cf. mes *Études*, p. 124.
(4) *Ibid.*, p. 126.
(5) *Ibid.*, p. 97.
(6) *Ibid.*, p. 106-110.
(7) *Op. cit.*, p. 209.

pereur en qualité de juge (1). Aussi M. Mitteis, dans son bel ouvrage *Reichsrecht und Volksrecht* (p. 136, n. 1) et M. Gatti, dans son commentaire de notre inscription (p. 43), se sont-ils ralliés à l'interprétation que j'ai proposée.

L'emploi de l'*a cognitionibus* n'a rien de commun avec celui qui est attribué d'ordinaire aux *procuratores* impériaux : ce n'est pas un agent financier comme les procurateurs provinciaux, *a rationibus, patrimonii, vicesimæ hereditatium* et autres semblables. Le titre de *procurator*, attribué à un fonctionnaire chargé des *sacræ cognitiones*, présente donc une difficulté véritable. M. Gatti la résout de deux manières : 1° Il y aurait une inexactitude de rédaction due soit au lapicide dont la gravure trahit une main inexpérimentée, soit peut-être à celui-là même qui a dicté l'inscription. *Procurator* aurait été substitué par erreur à *magister*, erreur d'autant plus excusable que, dans la seconde moitié du IIIe siècle, on a simultanément des exemples de *magistri vicesimæ hereditatium, a censibus, a libellis* et de *procuratores vicesimæ hereditatium, a censibus, ab hereditatibus et a libellis*; 2° Le mot *procurator* devrait ici s'entendre dans le sens général de mandataire chargé de la direction des affaires d'autrui.

De ces deux solutions, la seconde est la bonne. La première ne saurait être admise : comment croire que le rédacteur de l'inscription se soit trompé sur le titre de sa propre charge? Puis, il n'est pas démontré qu'à l'époque où M. Aurelius Thallus fut en fonctions, les *sacræ cognitiones* aient déjà formé un *palatii magisterium*. Le contraire me paraît établi par un passage d'Eumène. Dans son discours *Pro instaurandis scholis* (2), il félicite Maximien et Constance Chlore d'avoir encouragé les *doctrinae atque eloquentiae studia* en veillant au recrutement des emplois civils avec le même soin que s'il s'agissait de charges militaires, *ne ii quos ad spem omnium tribunalium, aut interdum ad* stipendia cognitionum sacrarum, *aut fortasse ad ipsa* palatii magisteria *provehi oporteret... incerta dicendi signa sequerentur.* Eumène distingue ici nettement le service des *sacræ cognitiones* et les *magisteria* du palais. Le *magister*

----

(1) 2 *Dig.*, Dig. IV, 4, 39.
(2) Cap. V. Cf. mes *Études*, p. 135.

sacrarum cognitionum est donc postérieur à 296 ; il est vraisemblablement de la fin du règne de Dioclétien. Le *procurator sacrarum cognitionum* est antérieur.

La seconde conjecture, que M. Gatti se borne à indiquer, se justifie, à mon sens, de la manière suivante :

On a étendu au droit public la double application que comporte la *procuratio* en droit privé : jusqu'au IIe siècle de notre ère, le mot *procurator* désigna à peu près exclusivement l'administrateur général des biens d'autrui, particulièrement des biens d'un absent (1). Au cours du IIe siècle, Julien (2) et Gaius (3) emploient le mot *procurator* pour désigner un mandataire spécial chargé d'agir en justice ou de défendre à un procès. Mais c'est surtout au IIIe siècle que la *procuratio* paraît avoir reçu une large application en matière judiciaire (4). Un développement analogue s'est produit en droit public. A côté des *procuratores* investis aux deux premiers siècles de l'Empire de fonctions administratives, on trouve à la fin du IIIe siècle le *procurator sacrarum cognitionum*. De même qu'un particulier peut constituer un *procurator actionis* (5) ou un *procurator litis* (6), l'empereur chargeait un *procurator* de procéder en son lieu et place à l'instruction des procès soumis à sa décision (7).

L'emploi du mot *procurator* est également justifié par un passage de Suétone (8). Cet auteur raconte que, sous le règne de Vespasien, *Titus recepit ad se prope omnium officiorum curam*, et qu'on l'accusa de se laisser corrompre *in cognitionibus patris*.

L'extension du sens habituel du mot *procurator* a été d'autant plus aisément admise en droit public qu'un bon nombre des procès soumis à l'empereur à cette époque étaient motivés par des questions fiscales. Dans mon mémoire sur *Le con-*

---

(1) Cf. mes *Institutions juridiques des Romains*, t. I, p. 574.
(2) Ap. Ulp. 8 *ad Ed.* D. III, 8 pr.; Jul. 14 *Dig.* D. XXXVII, 15, 2 pr.
(3) Gai. IV, 84.
(4) Cf. les fragments de Papinien, d'Ulpien et de Paul au *Digeste*, III, 3.
(5) Ulp., 57 *ad Ed.* D. XLVII, 10, 17, 16. Paul, 8 *ad Ed.* D. III, 3, 42.
(6) Paul. *eod.*, XLVI, 3, 86.
(7) Cf. un [*proc.*] *ad studia*, qui fut plus tard procurateur de deux Augustes. Cagnat, *Année épigraphique*, 1892, n° 33.
(8) *Tit.*, 6 et 7.

seil des empereurs (p. 383), j'ai fait remarquer que celui des
a cognitionibus de Septime-Sévère dont on possède le *cursus
honorum*, a rempli, avant d'arriver à cette charge, des fonctions exclusivement financières. Il était tout naturel de maintenir les *a cognitionibus* dans la classe des *procuratores*, en
leur attribuant un rang égal ou supérieur à celui qu'ils
avaient précédemment.

Notre inscription ne contient pas de renseignement direct
sur la place occupée par M. Aurelius Thallus dans la hiérar-
chie des *procuratores*. Elle nous apprend seulement qu'il fut
vir egregius. Ce titre honorifique est régulièrement attribué
depuis Septime-Sévère aux *procuratores* de l'ordre équestre.
Les fonctionnaires d'un rang plus élevé portent le titre de *viri
perfectissimi* : tels le préfet de la flotte, le préfet des vigiles, le
préfet de l'annone ; tels aussi l'*ab epistulis latinis* et l'*a cognitionibus Augusti* (1). La situation de notre *procurator sacrarum
cognitionum* fut donc un peu au-dessous de celle de l'*a cognitionibus* au temps de Septime-Sévère, et du *magister sacrarum
cognitionum* des premières années du ive siècle : l'un et l'autre
sont *viri perfectissimi*.

(1) Cf. mes *Études d'épigraphie juridique*, p. 121.

ÉDOUARD CUQ.

COMPTES-RENDUS CRITIQUES

SOCIOLOGIE

René Worms. — *Annales de l'Institut international de Sociologie*
(publiées sous la direction de —), t. IV, travaux du troisième congrès tenu à Paris en juillet 1897. — Paris, V. Giard et E. Brière,
in-8º, 1898, 589 p. Prix : 10 francs.

La plupart des mémoires communiqués au troisième congrès
de Sociologie ne sont pas consacrés à des sujets intéressant
l'histoire du droit. Seules, les communications de MM. C. N.
Starke : *Les lois de l'évolution politique*, et R. de la Grasserie,
L'évolution de l'idée de monarchie, sont en rapport direct avec
les matières dont s'occupe cette *Revue*. La première est une
esquisse rapide du développement historique du droit public
des États, primitifs et modernes, petits et grands, qui permet
à l'auteur de dégager quelques lois dont la dernière, à savoir
que « le pouvoir politique se trouve toujours entre les mains
de ceux qui réalisent par leur activité les possibilités écono-
miques du pays » détermine la conclusion.

En dehors de cette étude, la pièce de résistance se trouve
fournie par une longue et vive discussion sur *La théorie
organique des sociétés*, à laquelle douze congressistes appor-
tent l'appui d'arguments contradictoires et qui, en dépit de
l'adage courant, n'a point, je crois, fait jaillir la lumière...
sinon, dans un sens ou dans l'autre, aux yeux des con-
vaincus.

Les autres travaux relèvent de la sociologie pure, voire de la
philosophie ou de la science pénale.

P. COLLINET.

DROIT ITALIEN

Carlo Lessona, professeur de procédure civile à l'Université de Sienne. — *Teoria delle Prove* (vol. III, la preuve écrite ; vol. IV, la preuve testimoniale). 2 vol. in-8°, Cammelli frères, éditeurs à Florence.

L'attention des lecteurs de la *Revue historique* a déjà été appelée sur cet important ouvrage dont l'intérêt a été signalé tout particulièrement lors de l'apparition des deux premiers volumes, consacrés à la théorie générale de la preuve (1).

La preuve écrite forme l'objet du troisième volume. M. Lessona l'a considérée sous toutes ses faces et son traité ne laisse dans l'ombre aucune partie de la matière. Parmi les chapitres les plus importants, nous citerons ceux consacrés aux papiers domestiques et aux livres tenus par des non-commerçants, aux livres des administrations publiques ou privées, à la comptabilité agricole, aux actes authentiques ou sous seing privé, aux polices d'assurances, lettre de change, billet à ordre, etc., aux billets de théâtre et aux contremarques. M. L. n'a pas négligé non plus les nouveaux modes de preuve écrite engendrés par les progrès de la science et les pages qu'il consacre aux télégrammes et aux phonogrammes sont des plus originales.

Le volume IV qui vient également de paraître est peut-être plus important encore. Il est consacré à la preuve testimoniale. Après en avoir exposé les caractères, M. L. recherche dans quels cas elle est admissible devant les tribunaux soit administratifs, soit judiciaires. Il analyse avec sagacité les dispositions de l'article 1341 du Code civil italien, en détermine la sphère d'application, les limites ; les exceptions qu'il convient d'apporter à ses dispositions, notamment celles relatives aux matières commerciales, aux cas dans lesquels il est impossible de se procurer une preuve écrite. — Les chapitres qui suivent sont consacrés à l'admission de la preuve testimoniale, à sa réalisation, à l'examen et à l'évaluation de la force des témoi-

(1) *Nouvelle Revue historique*, 1897, p. 101.

gnages, et enfin à l'expertise dont la théorie forme la seconde partie du volume.

Nous avons retrouvé dans ces nouvelles parties du grand ouvrage de M. L. les qualités déjà signalées ici : ampleur de l'exposition des sujets depuis le droit romain jusqu'aux plus récents codes, examens copieux de la doctrine et de la jurisprudence, ordre logique des parties qui assurent à l'ouvrage une place importante dans la littérature juridique contemporaine. Ajoutons que ces deux volumes, comme ceux qui les ont précédés, présentent un intérêt particulier pour le lecteur français. M. L. est très familier avec la doctrine et la jurisprudence de notre pays, dont il discute longuement les théories et les tendances; ses critiques, ses opinions, ses comparaisons de notre droit avec la législation italienne et d'autres législations modernes méritent d'appeler l'attention.

M. L. promet pour 1900 le 5ᵉ volume qui doit terminer l'ouvrage. Espérons qu'il pourra achever sa tâche à l'époque fixée et compléter ainsi le traité qu'il a consacré à l'une des plus importantes parties du droit.   L. G.

LÉGISLATION CAMBODGIENNE

Ad. Leclère. — *Les Codes cambodgiens*, 2 vol. gr. in-8°. — Paris, E. Leroux, 1898, xix-491-682 p.

Nos lecteurs connaissent M. Ad. Leclère, résident de France au Cambodge, qui a entrepris, dans des articles et des livres dont l'Institut a consacré le succès, de faire connaître la législation cambodgienne. Voici qu'il nous donne la traduction annotée des codes ou plutôt des principales lois de ce pays. Cette œuvre, qui va permettre aux historiens du droit de prendre directement contact avec les textes, dépasse en importance toutes celles qu'avait jusque-là publiées l'auteur.

Elle se compose de cinquante-quatre lois, dont l'exhumation a donné lieu à un curieux incident. Trente-sept de ces lois, probablement fort anciennes, avaient été autographiées en

langue et caractères cambodgiens par les soins du Protectorat
et envoyées sans commentaire, par notre résident général, aux
gouverneurs provinciaux, sans être distribuées aux résidents,
leurs supérieurs hiérarchiques. On avait fait imprimer ces
textes sans les lire. Un pareil envoi semblait constituer une
sorte de promulgation nouvelle. On juge de la stupéfaction,
sinon de l'effroi, des indigènes, qui voyaient reparaître ainsi
quantité de dispositions justement tombées en désuétude et de
peines atroces supprimées depuis longtemps. Il ne paraît pas
que les juges aient fait l'application desdites peines. Mais il
n'en fut pas de même de certaines dispositions moins graves,
quoique en désaccord avec les mœurs actuelles. M. Leclère
lui-même dut intervenir pour maintenir les coutumes nouvelles.

L'énumération des lois recueillies serait fastidieuse. Aussi
mon ambition se borne-t-elle à en extraire quelques traits qui
suffiront, je l'espère, à donner une idée des richesses qui s'y
trouvent accumulées.

Comme dans les lois annamites et dans les vieux codes japonais (le *Tai-ho-rei* et l'*Engi-shiki*), la place d'honneur est pour
le protocole, le droit pénal, la procédure et l'organisation judiciaire. Pour y découvrir quelques principes sur l'organisation
de la famille, le régime des biens et surtout les contrats usuels,
il faut y regarder de près et procéder par induction : encore
n'arrive-t-on qu'à des résultats fort incomplets.

Les lois cambodgiennes présentent avec les codes annamites
et japonais un autre trait commun, qui frappe l'attention : la
multiplicité des classifications. Ainsi le *Préas Thomma satth*
nous apprend qu'il existe trois sortes de juges, dix recueils de
lois, vingt-neuf lois du passé, et qu'une affaire de justice se
divise en vingt-quatre parties, lesquelles forment huit groupes.
Ainsi encore on lit, dans la loi du sacre, qu'il y a six sortes de
sacres, cinq manières de parvenir au trône; dans le livre concernant l'art de gouverner, qu'il existe cinq espèces de sciences,
huit espèces de vertus, six espèces de gens droits, neuf espèces
de mensonges. Ces classifications sont quelquefois fondées sur
des observations pratiques assez fines; mais elles sont rarement tirées des caractères essentiels des choses.

Les lois cambodgiennes n'étaient pas destinées à la publi-
cité. M. Leclère nous apprend qu'elles ne furent imprimées

qu'à 65 exemplaires. Il en était de même des anciennes lois
japonaises : loin de les afficher, on les cachait au peuple. Ce
sont plutôt des règlements à l'usage des fonctionnaires et ce
caractère semi-occulte s'explique, étant donné leur contenu.

M. Leclère a classé les cinquante-quatre lois cambodgiennes
en sept groupes qu'il intitule : 1° introduction ; 2° lois consti-
tutionnelles ; 3° code des personnes ; 4° code des biens ; 5° code
de procédure ; 6° code pénal et 7° lois diverses. Il y a, dans
cette division, beaucoup d'arbitraire, tenant à ce que chaque
loi est un mélange d'éléments multiples. Mais je doute qu'on
pût adopter une classification plus exacte.

Les lois administratives donnent une importance majeure au
recensement des habitants, ce qui se conçoit à merveille. Le
recensement est la base de l'impôt, lequel figure au premier
rang dans les préoccupations de tous les gouvernements.
Comme dans l'ancien Japon, les contribuables cherchent à s'y
soustraire par des déplacements plus ou moins secrets. Le
gouvernement menacé dans ses œuvres vives n'est pas clément
à ces tentatives. La femme et les enfants du coupable sont mis
à la cangue jusqu'à son retour (1).

Les trois lois dont M. Leclère a composé le Code des personnes ne concernent que les rapports du mari et de sa
femme ou plutôt de ses femmes. Il y faut joindre, pour avoir
une idée de la famille, la loi des successions. Comme dans le
Tai-ho-rei et le Code annamite, l'égalité existe entre enfants
de la même mère : trait d'autant plus curieux qu'actuellement
au Japon et, croyons-nous, en Chine, cette organisation a fait
place à une organisation toute différente, reposant sur un droit
d'aînesse un peu particulier. L'égalité des enfants a donc
vraisemblablement été l'état primitif ; c'est sans doute le régime
féodal qui, en Chine et au Japon, y a substitué des coutumes
différentes.

Au premier rang des biens précieux figurent les esclaves.
Ils semblent bien avoir eux-mêmes un patrimoine et la loi leur
reconnaît des droits vis-à-vis du maître. Ces esclaves se re-
crutent par la naissance, sans doute aussi par la conquête. De
plus le débiteur qui ne paie pas devient esclave du créancier,

_____

(1) Voy. le *Kram srok*, art. 70, t. , p. 106.

BIBLIOTHÈQUE NATIONALE — R F — IMPRIMÉS

IMPRIMERIE
CONTANT-LAGUERRE

LVX·VITAM

BAR-LE-DUC

www.ingramcontent.com/pod-product-compliance
Lightning Source LLC
LaVergne TN
LVHW050320030726
842520LV00005B/1691